SOISSONS EN 1814

OU

RÉCIT DE SON INVASION.

SOISSONS EN 1814

OU

RÉCIT DE SON INVASION

Rédigé par un témoin oculaire M. LETELLIER,

Précédé de notices sur le Général RUSCA et le Lieutenant-Colonel CHARLIER,
et illustré des portraits de ces deux militaires et d'une vue de
l'ancien Hôtel-de-Ville,

DESSINÉS ET LITH. PAR CH. MONTPELLIER.

PRIX : **50 CENTIMES.**

SOISSONS,

IMPRIMERIE ET LITHOGRAPHIE DE VERET ET Cie.,
RUE SAINT-LÉGER, Nº 1.

1850.

AVANT-PROPOS.

L'érection du monument, que la reconnaissance de notre ville vient de consacrer à la mémoire de ses généreux défenseurs, a fait naître l'heureuse idée de reproduire, dans une courte notice, les circonstances dramatiques au milieu desquelles le général RUSCA et le colonel CHARLIER tombèrent victimes de leur courage et de leur dévouement. Beaucoup de personnes aujourd'hui n'ont pas vu ces tristes événements, ou n'en ont conservé qu'un souvenir qui s'efface de jour en jour; on a donc jugé convenable de les retracer dans tous leurs détails et avec la plus scrupuleuse exactitude.

Nous possédions, à titre d'héritage de famille, un précieux manuscrit sur cette époque importante de notre histoire; nous l'avons communiqué avec le plus vif empressement, persuadé que sa publication ne serait pas sans intérêt pour nos concitoyens. Il a été composé, au moment même des événements, par M. LETELLIER, qui depuis se retira au village de Vauxbuin, mais qui habitait alors l'abbaye de Saint-Léger, de Soissons. L'auteur, placé, comme dans un observatoire, au sommet de la tour de cet antique monastère, y suivait pas à pas tous les mouvements de l'ennemi; ce qui ne l'empêchait pas de connaître tout ce qui se passait dans l'intérieur de la cité. Il a donc été parfaitement à même de raconter avec exactitude, et, pour ainsi dire, minute par minute, toutes les scènes de ces jours malheureux; et c'est ce qu'il a fait, comme nous l'ont du moins assuré plusieurs personnes de notre ville, auxquelles nous avons soumis le *journal* de M. Letellier.

Puisse la lecture de ce manuscrit procurer autant de plaisir aux Soissonnais, que nous en avons à le leur offrir !

A. DECAMP.

Soissons, 10 juin 1850.

LE G^{RAL} RUSCA,

né à Dolce-Acqua (Piémont,)
tué au siège de Soissons,
le 14 février 1814.

CHARLIER,

Lieutenant-Colonel du 22ᵉ Léger,
tué au siège de Soissons,
le 14 février 1814.

Vue de l'ancien Hôtel-de-Ville de Soissons, du Bailliage et de l'Église Notre-Dame-des-Vignes, incendiés en 1814.

NOTICE SUR LE GÉNÉRAL RUSCA.

F. Dominique RUSCA, Commandant de la Légion-d'Honneur, général de division, naquit à Dolce-Acqua (Piémont), en 1761.

Il exerçait la médecine à Monaco, à l'époque de la révolution française, dont il embrassa les principes avec ardeur. Ayant été banni de son pays et privé de ses biens, pour ses opinions politiques, il se rendit au quartier-général français, où il obtint du service. Il se fit remarquer par son activité et son courage dans les opérations qui préparèrent l'entrée des Français en Italie. Mais rien n'étant encore arrêté pour l'invasion de ce pays, RUSCA suivit le général Schérer en Espagne, et servit, comme Adjudant-général, de la manière la plus brillante, contre les Espagnols. Il se distingua surtout par un sang-froid et une intelligence admirables dans les combats qui eurent lieu sur les bords de La Fluvia. La paix de Bâle ayant mis fin aux hostilités avec l'Espagne, RUSCA retourna à l'armée d'Italie. Il se distingua particulièrement à la bataille de Loano, le 23 novembre 1795. A la tête de 1800 hommes, il se porte au pas de charge sur 5 positions retranchées et hérissées de canons et les enlève successivement à travers les balles et la mitraille!

Sa belle conduite, dans cette journée, lui valut le grade de Général de brigade. Au combat de Dego, qui signala l'ouverture de la campagne de 1796, à la tête de sa brigade, après une action meurtrière, il s'empare de 2 canons, fait à l'ennemi 600 prisonniers, et vient avec sa troupe couronner la position importante de San-Giovani. Le 16 avril, il prend part à l'attaque du camp retranché de Ceva. A la bataille de Lodi, RUSCA, qui commandait l'avant-garde d'Augereau, arrive au pas de course, se précipite sur les bataillons ennemis, et contribue puissamment au gain de la bataille.

Dans le courant de mai de la même année, Bonaparte détache RUSCA à la tête d'une 1/2 brigade d'infanterie légère et lui ordonne de prendre position à Salo; il est blessé en défendant ce poste important. Elevé ensuite au grade de Général de division, il eût plusieurs commandements militaires dans l'intérieur de l'Italie. En

1798, il fit, sous Championnet, la campagne de Rome et de Naples, avec beaucoup de distinction.

A Porto-Fermo, il vient un des premiers attaquer les Napolitains, disperse une de leurs colonnes, leur fait 300 prisonniers et s'empare de leur artillerie et de plusieurs drapeaux. A l'attaque de Naples, il s'établit au poste de Campo-di-Chino et enlève le fort Del Carmine. En 1799, le Piémont ayant été abandonné, RUSCA se met en marche avec sa division, pour gagner la haute Italie. Il occupe Florence et protège la retraite de l'armée, en arrêtant pendant quelque temps le corps autrichien de Klénau. A la bataille de la Trebbia, qui dura trois jours, il fit preuve du plus grand courage et fut blessé grièvement. Ayant été fait prisonnier dans Plaisance, avec tous les blessés, il ne put rentrer en France, qu'après la bataille de Marengo. En 1802, il fut nommé au commandement militaire de l'Ile d'Elbe. En 1809, à l'ouverture de la campagne d'Italie, sous le prince Eugène, il commanda une division dans le Tyrol, et après la malheureuse bataille de Sacile, il fut envoyé dans la Carniole, pour contenir le corps du général Chasteler, et assurer les communications de l'armée. Il concentra sa division autour de Klagenfurt, d'ou il envoyait des colonnes contre les partis ennemis. Le 5 juin, ayant appris que le général Chasteler se disposait a l'attaquer avec des forces nombreuses, il marche lui-même à sa rencontre, et le lendemain, ayant trouvé son adversaire en position, il l'attaque, le culbute et lui fait 600 prisonniers. Jusqu'en 1813, il resta en disponibilité. Ayant été remis en activité en 1814, l'Empereur lui donna le commandement de la réserve des gardes nationales actives, à Soissons, et le 14 février, il fut tué en défendant cette ville contre la division russe de Winzingerode.

RUSCA était un de ces Italiens, qui se dévouèrent à la fortune de la France et qui lui restèrent fidèles jusqu'au dernier moment.

bataillon de la garde nationale de l'Oise, après 32 années de services et 27 campagnes. Il était agé de 47 ans, et servait depuis l'âge de 15 ans 1/2.

Il ne se fit pas seulement remarquer par son courage sur les champs de bataille, il se distingua aussi par des actes de dévouement et d'humanité qui l'honoreront à jamais. C'est ainsi qu'étant à l'armée du Rhin, il sauva la vie, au péril de la sienne, à plusieurs prêtres émigrés qu'il avait ordre de faire fusiller.

NOTICE SUR LE LIEUTENANT-COLONEL CHARLIER.

CLAUDE-MARIE-CHRISTOPHE CHARLIER, Officier de la Légion-d'Honneur, Major (Lieutenant-Colonel) du 29e léger, commandant la garde nationale active de l'Oise, naquit à Paris, le 1er octobre 1766.

Il entra au service, en 1782, dans le régiment de Turenne, devenu 37e de ligne, et gagna successivement tous ses grades sur le champ de bataille. Embarqué en 1791, pour l'Amérique, il rentra, 18 mois après, pour prendre part aux fatigues et aux campagnes de l'armée de Rhin et Moselle. En 1793, il combattit à Kolstein, à Rihiem et à Tothweiler, et en l'an II, à la prise des retranchements de Bischweiller et à l'affaire de Guemersheim; en l'an III, il se distingua à l'assaut de la redoute de Tripsttadt, attaquée cinq fois de suite, et défendue par une artillerie formidable. — Dans cette affaire, il fut relevé blessé sur le champ de bataille Il prit une part active aux divers combats qui eurent lieu à Kayserlautern, et sous les murs de Mayence. En l'an IV, il combattit sur les hauteurs de Pittersheim, au passage du Rhin, à Kehl et à Diersheim, et à la sanglante bataille de ce nom. En l'an VI et en l'an VII, il fit la campagne d'Helvétie, et se trouvait aux affaires de Zug, de Kreutzmoll, de Lucerne, etc. ; en l'an VIII, au passage du Rhin, à Stein ; aux batailles de Stockach et de Moerschwich ; au combat meurtrier de Memmingen; au passage du Danube; à l'affaire de Nordlingen, où il fut blessé, et à la bataille de Neubourg; en l'an XI, à la bataille de Salsbourg, aux affaires de Val et de Kreutzmunster. Embarqué ensuite pour l'Isle de France, il prit part à tous les combats qui précédèrent la reddition de cette île. De retour en France, il combattit à Lutzen, à Bautzen, où il commandait les 2 premiers bataillons du 29e léger.

CHARLIER a terminé sa glorieuse carrière, le 14 février 1814, en combattant à Soissons, à la tête d'un

JOURNAL

DES

ÉVÉNEMENTS

QUI SE SONT PASSÉS A SOISSONS,

DEPUIS LE DIMANCHE 13 FÉVRIER 1814,

Jusqu'au 17 avril de la même année.

Par M. B. LETELLIER.

> . . . . Quæque ipse miserrima vidi,
> Et quorum pars magna fui ! . . . .
> VIRGILIUS, lib. II. — Æneis.

> Nous avons vu de près ces grands malheurs,
> et nous en avons ressenti les plus cruelles atteintes.

APRÈS avoir été, dans les siècles de la monarchie, la capitale d'un grand royaume, la ville de Soissons était depuis longtemps presque ignorée ; on ne connaissait plus guère son nom que par l'abondance et la belle qualité de ses grains et de ses légumes, lorsqu'une catastrophe à jamais mémorable est venue la tirer de son heureuse obscurité, et lui rendre à ses dépens une célébrité hélas ! trop éclatante. Le bruit de ces malheurs a retenti partout ; la France entière a redit ses combats et sa longue résistance. Témoin oculaire et presque la victime des cruels événements qui se sont passés sous ces murs, personne ne peut mieux que moi en retracer le tableau effrayant, et rétablir dans leur vérité plusieurs faits qui ont été dénaturés.

Dès les premiers jours de février 1814, l'alarme s'était répandue autour de nous : les armées ennemies s'avançaient vers Paris sur trois points différents, et inondaient nos provinces de leurs hordes innombrables. La grande armée du prince de Schwartzemberg, formant la gauche, après avoir débouché par la Suisse, était arrivée par la Bourgogne aux portes de Troyes, sans avoir presque rencontré de résistance. Le maréchal Blücher à la tête de l'armée de Silésie, avait eu en outre plusieurs engagements sérieux avec l'empereur Napoléon, notamment à Brienne, et cherchait à pénétrer par la route de Sézannes. A la droite, l'armée du Nord, commandée par le général en chef, Bernadotte, prince de Suède, avait poussé son avant-garde aux environs de Guise, et venait par un coup hardi d'établir ses communications avec l'armée du Centre. 150 Cosaques, partis de Vervins, avaient fait une marche forcée de vingt lieues en un jour, et après avoir passé l'Aisne à Neufchâtel, étaient entrés dans Reims, qui leur avait complaisamment ouvert ses portes. Ce détachement audacieux se disait l'avant-garde d'une armée nombreuse, et c'est sur la route de Reims que nous portions nos regards inquiets, lorsque le DIMANCHE 13 Février, au matin, une fusillade assez vive se fit entendre à notre gauche sur la montagne de Crouy, route de Laon. Quoique nous dussions nous attendre depuis plusieurs jours à être attaqués, la vue des premiers Cosaques nous frappa tous d'une émotion bien naturelle ; une cinquantaine de gendarmes, auxquels se joignirent quelques bourgeois à cheval, sortirent pour reconnaître l'ennemi.

Notre garnison se composait d'environ 4,000 gardes nationaux, mal armés, plus mal exercés encore, et la plupart presque sans uniforme. Ils obéissaient au général de division RUSCA, piémontais d'origine, vieux brave de l'armée d'Italie, qui avait sous ses ordres les généraux de brigade, Danloup-Verdun et Longchamps. Berruyer commandait la Place.

Le village de Crouy était occupé par un bataillon de l'Eure, qui n'avait reçu ses fusils que la veille au soir. Cependant, il fit assez bonne contenance une partie de la journée ; une compagnie de grenadiers, postée à la ferme de la Perrière, montra particulièrement beaucoup de résolution. Plusieurs paysans des villages, embusqués dans les vignes avec les gardes nationaux, rivalisèrent de courage et firent le coup de fusil avec eux.

Vers les trois heures de l'après-midi, les Russes firent avancer trois pièces d'artillerie sur la pointe de la montagne, et forcèrent nos tirailleurs à se replier sur la ville. Deux compagnies seulement, restées à leur poste, furent coupées par les Cosaques qui étaient descendus dans la plaine, par les gorges, à gauche et à droite du village, et mirent bas les armes. Les Russes, instruits par leurs prisonniers de la faiblesse de la garnison, se préparèrent avec confiance à attaquer la Place.

Cependant, on avait eu connaissance dans la journée qu'une armée ennemie, battue par l'Empereur, se retirait en désordre par la route de Château-Thierry, et paraissait se diriger sur Soissons. Deux *braves*, sur l'invitation du général RUSCA, sortirent de la Place, munis des instructions nécessaires pour reconnaître les mouvements et la force de la colonne, et s'avancèrent jusqu'à ce qu'ils eussent rencontré les éclaireurs ennemis à peu de distance d'Hartennes. Leur mission était remplie ; les rapports qu'ils recueillirent s'accordaient entre eux. La marche de la colonne était prononcée ; tout les assura qu'elle se dirigeait sur Reims, par la traverse. La nuit s'approchant, ils rentrèrent dans la Place, et donnèrent au commandant la certitude que Soissons n'avait rien à craindre de ce côté ; il n'en était pas de même sur la route de Laon ; un corps de 18 à 20,000 hommes se réunissait depuis 24 heures sur les hauteurs du moulin de Laffaux. La nuit se passa assez tranquillement.

Le 14 Février, jour de deuil pour notre malheureuse ville, dès le matin, du haut de nos remparts, nous pûmes voir 3 à 400 Cosaques suivre le cours de la rivière, en sonder les gués, en chercher les bacs jusqu'au village de Pommiers. Convaincus de l'impossibilité de passer, ils revinrent sur leurs pas, et dès ce moment, tous les efforts de l'ennemi se concentrèrent sur la rive droite. Bientôt les hauteurs de Crouy et de la Montagne-Neuve furent couronnées de troupes qui descendaient de tous côtés, et se rangèrent en bataille le long des vignes, sous les ordres des généraux Wintzingerode et Czernitzcheff. Tout étant disposé pour l'attaque, un parlementaire se présenta, et la ville fut sommée de se rendre. Sur le refus, les Russes s'avancèrent en masse jusqu'à 400 toises de la Place. Il était onze heures et demie ; le signal est donné : un *hourra* épouvantable se fait entendre sur toute la ligne ; les masses se déploient avec la rapidité de l'éclair. La plaine se trouve en un instant inondée de Cosaques, les batteries sont démasquées, la canonnade s'engage ; l'ennemi se précipite audacieusement jusqu'au pied de nos murs, et se loge dans les maisons du faubourg, non encore rasées, notamment dans l'auberge du *Point du Jour*. C'est de là qu'ils entretenaient à leur aise un feu terrible sur nos remparts mal gardés. Nous n'avions que six pièces de canon et un obusier ; aucunes dispositions n'avaient été prises, aucun épaulement n'avait été fait ; nos canons étaient à découvert, et nos pauvres soldats, exposés à des fusillades épouvantables, se défendaient faiblement. Le général RUSCA lui-même, après une heure d'attaque, est blessé mortellement d'un biscaïen qui l'atteint à la tête, sur le bastion de la porte de Crouy, point le plus menacé, sur lequel il ranimait par son exemple le courage de sa troupe (1).

Pendant que le combat se soutient de ce côté, un bataillon de tirailleurs, posté près St-Médard, se glisse le long de la rivière, arrive sans être aperçu au pied du rempart, au-dessus du pont, le trouve sans défense, l'escalade en un instant, et pénètre dans la Place : deux heures sonnaient. Une partie se dirige vers la porte de Crouy pour l'ouvrir à l'armée qui cherchait à l'enfoncer au dehors, l'autre se précipite vers le pont pour s'en emparer. Dès ce moment, le plus affreux désordre se met dans la garnison. Maîtres de la porte, les Cosaques se répandent dans les rues avec des hurlements effroyables; c'est un torrent qui dans sa fureur renverse tout ce qu'il rencontre. Notre malheureuse cité présente pendant plus d'une heure l'image horrible d'une ville prise d'assaut. Le combat se continue dans la Place; nos pauvres soldats sont poursuivis à coups de fusils de rue en rue. Percés de lances, les plus braves se défendent encore et font payer cher une mort inévitable.

Dans le nombre de ces victimes se trouva le lieutenant-colonel CHARLIER, du 29e léger, qui, après avoir combattu vaillamment, tomba mort d'un coup de feu (2).

Quelques-uns sont tués jusque dans les maisons où ils s'étaient réfugiés; le plus grand nombre des défenseurs cherchent leur salut dans la fuite; beaucoup se précipitent du haut des remparts et fuient dans la plaine. Arrivés sur la Grande-Place, les Cosaques se portèrent à la prison, firent tomber le concierge sous leurs coups, et mirent en liberté les détenus.

C'est dans ce moment de crise que la garde nationale de Soissons courut les plus grands dangers; sous les armes, depuis le matin, elle était restée à son poste pendant toute l'action, faisant parcourir la ville par de fréquentes patrouilles, pour maintenir l'ordre dans l'intérieur. Malheur à ceux qui sont rencontrés par l'ennemi : ils sont traités comme militaires, percés de coups de lances, dépouillés de leurs vêtements et faits prisonniers! Près d'un cent, pères de famille la plupart, ont été ainsi emmenés; M. de Vismes, sous-préfet, a lui-même le lendemain partagé le sort de ces malheureux, dont plusieurs

---

(1) Rusca était né à Dolce-Acqua (Piémont); il prit du service en France, et fit les campagnes des Pyrénées-Orientales, d'Espagne, d'Italie, de Styrie et de Carinthie. La Fluvia, Loano, Dego et San-Giovani, Mondovi et Geva, Lodi, Salo, Rome, Naples, Porto Fermo, la Trebbia, Sacile, Klagenfurt, Gallsdorft, avaient été les témoins de sa brillante valeur.

(2) Charlier était né à Paris, en 1766. Il fit les campagnes d'Allemagne, d'Helvétie, des Indes-Orientales, etc. Il se distingua particulièrement à Pripstadt, Kayserlautern, Mayence, Memminaen, Neubourg, Salsbourg, Ile de France, Lutzen, Bautzen. Jeune encore, et après une glorieuse carrière, il vint mourir dans nos murs, à l'âge de 47 ans, après 32 années de services.

ont depuis péri dans les fers. Le plus grand nombre, notamment les principaux officiers, qui se trouvaient près de la Comédie, se réfugièrent dans la maison des Cordeliers où ils restèrent enfermés plusieurs heures.

Le désordre était toujours à son comble et le vainqueur se hâtait de se livrer au pillage ; quelques femmes mêmes eurent tout à souffrir de sa féroce brutalité. Dans ce péril éminent, le corps municipal, réuni à l'Hôtel-de-Ville, se voyant abandonné par les généraux, avait rédigé une humble prière, adressée au général russe, pour tâcher de sauver la ville et les habitans ; mais le plus difficile était de la faire parvenir. Un ancien grenadier de la garde, le sieur Charpentier, notre concitoyen, se présenta pour cette mission périlleuse, dévouement héroïque qui lui méritera à jamais la reconnaissance de ses compatriotes; tenant à la main un *mouchoir blanc* qu'il agitait en signe de paix, il parvint à travers les boulets, les lances et les balles, jusqu'à Saint-Paul, où se trouvait le quartier-général. Wintzingerode, se mit en marche, et fit son entrée dans la Place ; le reste de son armée le suivait en ordre. A sa voix, le calme se rétablit, plusieurs régiments allèrent occuper, par la porte Saint-Martin, les villages voisins ; le reste se logea dans la ville. Au moment de l'entrée de l'ennemi, les généraux Danloup-Verdun et Berruyer avaient traversé la Place avec quelques gendarmes à cheval, et pris au galop la route de Compiègne. Ils parvinrent à Compiègne ; mais le général Longchamps, qui avec 800 hommes avait réussi à se faire jour et à sortir de la ville, fut enveloppé en rase campagne par la cavalerie de Czerniszeff, et obligé de mettre bas les armes.

Dans la soirée, le général Wintzingerode fit publier et afficher une proclamation par laquelle il promettait la sûreté des personnes et des propriétés, et engageait les habitants à ouvrir les portes de leurs maisons et de leurs boutiques : la proclamation ne produisit aucun effet, les portes restèrent closes ; chacun se renferma chez soi, et fit bien.

Le lendemain 15, dès que le jour parut, une partie de l'armée commença à évacuer la Place. La matinée fut employée aux obsèques du général Rusca, à qui les Russes rendirent tous les honneurs militaires. Mais bientôt la scène change ; nos hôtes paraissent inquiets ; on leur distribue des cartouches. Le pillage recommence dans quelques maisons ; nous présumons que c'est le signal d'une retraite. Nous ne nous trompions pas ; le duc de Trévise s'avançait. L'ennemi se retire vers les six heures du soir, emmenant avec lui pour guides tous ceux que leur malheur faisait tomber dans ses mains. Il marcha toute la nuit, couvrant sa retraite par la rivière, et se dirigea par la route de Vailly, vers le pont de Berry-au-Bac, pour opérer à Reims sa jonction avec le corps d'armée qui avait été battu par l'Empereur et poursuivi jusqu'à Château-Thierry.

La nuit se passa encore dans l'inquiétude : tel était l'état de stupeur dont les habitants étaient frappés, qu'ils croyaient à peine au bonheur d'être débarrassés des Cosaques.

Le 16 février, au matin, la Place était évacuée ; on voyait bien encore quelques traînards circuler dans les rues, mais leur figure décontenancée inspirait plutôt la pitié que la terreur. Leur marche incertaine annonçait qu'ils cherchaient d'un œil inquiet le chemin de la retraite. Nous ne craignîmes plus de sortir et de nous mêler avec eux. Mais quel spectacle présentait notre malheureuse ville ? A chaque pas, des armes brisées, des vêtements en lambeaux, des sacs traînants, des capotes ensanglantées, des paquets de cartouches, des cadavres défigurés : fermons les yeux sur cet amas d'horreurs. L'ennemi, dans sa retraite, avait laissé nos canons, plusieurs caissons et quelques voitures de ses équipages. On estime la perte dans cette journée à 300 hommes tués. Il nous a tué ou blessé 400 hommes et fait 2,000 prisonniers.

Le même jour, quelques chasseurs français parurent dans la Place, et se portèrent à la porte de Crouy, où ils prirent 3 ou 4 voitures russes avec leurs conducteurs ; mais ils ne restèrent que quelques heures, et nous abandonnèrent à nous-mêmes pour rejoindre le corps du duc de Trévise, dont ils faisaient partie.

Le duc avait son quartier-général à Villers-Cotterêts, et son corps était cantonné dans les villages qui avoisinent la forêt.

Cet état équivoque se prolongea jusqu'au 20. Chaque jour, nous avions la visite de quelques Cosaques qui venaient ramasser des fourrages et prendre des renseignements sur la position de l'armée française ; ils occupaient presque continuellement la porte de Crouy.

Enfin, nous sommes éveillés à trois heures du matin par la nouvelle qu'un corps de 30,000 hommes doit arriver dans la journée ; déjà un escadron de gardes d'honneur forme l'avant-garde, et sur la Place-d'Armes, le quartier du duc de Trévise est déjà marquée. Vite on s'empresse dans chaque logement de préparer des vivres pour les braves que nous attendions ; nous les attendîmes inutilement. Tout se réduisit à 100 hommes environ de la garde à cheval, 200 gardes de la marine et un bataillon de la Vistule, composé de huit cents hommes ; nous réunîmes aussi 20 pièces d'artillerie, servies par 100 canonniers, en total 1,000 hommes à peu près, commandés par le général de brigade MOREAU.

Le 21 février, le duc de Trévise paraît un instant, visite les remparts, ordonne différents travaux, et retourne à son quartier-général. Après son départ, on établit quelques batteries nouvelles; on continua les autres ouvrages avec activité, et les pièces furent placées sur les remparts : ces préparatifs de défense jetèrent l'alarme dans le cœur d'un grand nombre d'habitants, principalement de ceux qui avaient le plus souffert de l'ennemi. Un quart de la population abandonna la ville, et l'administration fut obligée de prendre les mesures les plus sévères pour arrêter cette émigration qui allait croissant à mesure que notre horizon s'obscurcissait.

Une armée russe, qu'on disait forte de 50,000 hommes, occupait toujours les environs de Reims, et prolongeait sa ligne jusqu'à nos portes par Vailly, où elle avait établi un pont de bateaux pour faciliter ses communications ; elle avait des détachements répandus dans les villages de Condé, Missy, Bucy, et chaque jour nos reconnaissances les rencontraient à une demi-lieue de la Place. D'un autre côté, un nouveau corps de 15,000 Prussens était arrivé à Laon, et déjà avait fait des excursions jusqu'à La Fère, dont il s'était emparé. Le voisinage de ces deux armées devint plus inquiétant encore, lorsque nous sûmes que le duc de Trévise, qui les tenait en échec et couvrait notre Place, avait quitté sa position le 25, pour se porter à la hâte sur La Ferté-sous-Jouarre, opérer sa jonction avec le duc de Raguse, et s'opposer à l'armée de Silésie, qui venait de faire un nouvel effort, et de pénétrer jusqu'à Meaux. A la nouvelle de ce mouvement, qui menaçait Paris, l'Empereur, occupé alors à repousser jusqu'à Troyes la grande armée de Schwartzemberg, avait rassemblé sa garde, et était accouru de ce côté. Bientôt sa présence fait changer les affaires de face ; l'ennemi est repoussé. Les corps de Sacken, Langeron, Kleist furent mis en pleine retraite, et trouvant la route de Château-Thierry fermée, sont obligés de se frayer un chemin par la traverse vers La Ferté-Milon.

Le premier mars, la garnison de Soissons eut connaissance que quelques troupes légères formant l'avant-garde de l'armée en déroute, s'étaient déjà montrées à Chaudun. Un détachement de 150 hommes à pied et de 25 chevaux sortit de la Place pour reconnaître cette troupe ; elle était tellement harassée de fatigue, qu'elle avait négligé d'établir des vedettes. Un détachement de Prussiens fut surpris dans la ferme de M. Lagarde, fait prisonnier et ramené à Soissons avec un colonel blessé ; les autres, répandus dans le village, avertis par le bruit des coups de feu, prirent la fuite.

Cependant, instruits de ce mouvement rétrograde, les généraux Bulow et Wintzingerode partirent, le premier de Laon, l'autre de Reims, et par une marche combinée s'avancèrent vers Soissons. — Le 2 mars, à 10 heures du matin, l'armée prussienne, sur la rive droite de l'Aisne, couvrait la plaine de Crouy. L'armée russe, à la même heure, se développait dans la plaine de St-Crépin-le-Grand, sur la rive gauche, et recevait l'armée de Silésie qui, continuant sa retraite, débouchait déjà dans la plaine de Chevreux. Tous ces corps ensemble formaient une masse de près de 80,000 hommes réunis sous nos murs.

Notre ville, par son pont sur l'Aisne, seul passage qui existât, devenait un point de la plus haute importance, et c'est sous ses murs que les destins de la France devaient se décider. Pendant qu'à la Ferté-Milon et à Neuilly-St-Front, les ducs de Trévise et de Raguse poussaient devant eux l'arrière-garde ennemie en désordre, l'Empereur, avec toute sa garde, se portait à marches forcées sur Fismes pour couper la retraite de Reims, et par là Blucher, acculé contre la rivière d'Aisne, se trouvait dans une position extrêmement critique. L'attaque de la Place commencée à midi, fut reçue par la garnison, et se soutint jusqu'au soir. Nos 800 POLONAIS, comme les 300 Spartiates des Thermopyles, montrèrent la plus rare intrépidité. On vit le soir cette poignée de braves se précipiter avec une audace incroyable hors de nos murs, chasser par des prodiges de valeur l'ennemi qui s'était logé dans le faubourg de St-Crépin, et le forcer d'aller bivouaquer au loin dans la plaine. Le moment était décisif. L'ennemi, étonné d'une telle résistance et craignant de tenter un assaut de vive force, entama une négociation. Ce moyen lui réussit. Après de nombreux pourparlers, le général Moreau qui commandait la place, épouvanté sans doute par les forces formidables des assiégeants, et ne voulant pas exposer la ville au danger d'une nouvelle attaque, capitula le 3 mars, à neuf heures du matin, et ouvrit ainsi le passage à toute l'armée coalisée. Les conditions les plus honorables furent accordées à la brave garnison. La capitulation portait qu'elle sortirait avec tous les honneurs de la guerre, tambour battant, mêche allumée, et qu'elle emmènerait la moitié de son artillerie.

L'ennemi ne devait faire son entrée qu'à 4 heures; mais à midi, le canon se fit entendre à peu de distance. Le bruit approchait sensiblement, et annonçait les progrès de l'armée française : les instants pressaient, les Russes se hâtaient de prendre, avant l'heure convenue, possession d'une ville qui leur était devenue un passage si nécessaire; et notre faible garnison se rassemblait encore sur la Place-d'Armes, lorsque les premiers bataillons ennemis s'y déployèrent. Le bruit du canon redoublait toujours; chaque coup faisait tressaillir nos braves Polonais, et c'est en pleurant de rage qu'ils évacuèrent, à deux heures, une Place dont ils sentaient toute l'importance pour le moment. Ils sortirent par la porte de Saint-Christophe, et se retirèrent à Compiègne. Le reste de la journée fut assez calme; une partie des armées russe et prussienne fut logée dans les maisons; le plus grand nombre s'établit au bivouac sur les places, dans les rues, autour des remparts. Les habitants, courbés une seconde fois sous le joug ennemi, s'isolèrent encore chacun chez eux, et un voile de deuil couvrit une seconde fois notre malheureuse cité.

Le 4 mars, Russes et Prussiens, toujours fuyants, toujours poussés par l'armée française, continuèrent de s'entasser dans les rues, harassés de fatigues, et de traverser la ville dans la plus grande confusion. Il fallait voir surtout les nombreux équipages au milieu des vociférations des conducteurs, des cris des blessés qu'ils traînaient avec eux, succomber les uns sur les autres et présenter l'image du désordre le plus épouvantable. Dans l'après-midi, le quartier-général sortit de la Place avec la plus grande partie de l'armée, et alla prendre position sur les hauteurs qui dominent la rivière, sans doute pour suivre le mouvement de l'Empereur, qui arrivait déjà à Fismes. Il ne resta que 8,000 formant le corps de Rudzewicz, de la division de l'émigré français Langeron. Le soir, les ducs de Trévise et de Raguse occupèrent les hauteurs de Buzancy et de Noyant.

Le 5, ils descendirent à Belleu et firent, pour attaquer la ville, des dispositions trop tardives ; plusieurs batteries furent bientôt établies dans la plaine et sur la butte de Villeneuve. Le combat s'engagea avec chaleur, et les premiers coups de canon furent le signal d'un pillage qui dura plus de 24 heures. Pendant que les troupes régulières se battaient sur les remparts et hors les murs, les Cosaques irréguliers, la lie de l'armée, se livrèrent au brigandage le plus effréné ; rien n'échappa à leur rapacité, et chaque habitant fut obligé de soutenir péniblement, le jour et la nuit, un siége particulier dans sa maison. Malheur aux habitations abandonnées, malheur à celles surtout occupées seulement par des femmes !!

Au milieu de ces scènes d'horreur, quelques actions vertueuses se sont pourtant fait remarquer. C'est pour moi un devoir et un besoin de citer le trait d'un chasseur prussien, à qui nous avons dû le salut de notre maison. Ce brave jeune homme, le sabre à la main pendant 36 heures, a constamment repoussé les attaques des Russes, et nous a, par un courage inouï, préservés du pillage. Il est né à *Halle*, en Saxe, de parents honnêtes, et se nomme Vilhelmferbrich. C'est trop peu pour moi de l'avoir depuis gardé à la maison comme ami jusqu'au 16, et soustrait à nos soldats, qui l'eussent fait prisonnier. Partout où il peut être aujourd'hui, qu'il reçoive l'expression de ma reconnaissance !

L'attaque se soutenait toujours avec chaleur ; on se battait surtout opiniâtrement dans le faubourg de St-Crépin ; les murs sillonnés par les balles attestent encore aujourd'hui combien la fusillade dut être terrible de ce côté. Les Russes y perdirent plus de 2,000 hommes tant tués que blessés. Le soir, quelques Français pénétrèrent jusqu'à l'entrée de la rue de Saint-Martin ; on vit même des braves, après avoir escaladé les remparts de la tuerie, se montrer sur le pont ; mais n'étant pas soutenus, ils durent se retirer. Le combat ne cessa qu'à la nuit ; on rapporta les blessés dans la ville, et ils furent en grand nombre étendus sur la paille dans les salles de l'Hôtel-de-Ville et de la Sénatorerie. On compta plus de 1,200 blessés ainsi rapportés dans la ville. La plupart des morts furent jetés à l'eau, et six semaines après, la rivière roulait encore par centaines, ces cadavres, monument affreux de la rage des combats.

L'artillerie avait causé beaucoup de dommages à la ville ; une partie de l'auberge de M. Deshureaux, dans le faubourg de Reims, fut incendiée par un obus. Un autre éclata dans la soirée sur la maison des Feuillants, et le feu qui, faute de secours, fit des progrès rapides, détruisit, en peu d'heures, deux établissements réunis dans cette maison : la filature de

M. Griffon, et la manufacture de papiers peints de MM. Cugnet jeunes. Cette perte est grande et a dû causer aux propriétaires un dommage considérable ; mais un accident dont le résultat est bien plus funeste pour tous les habitants, c'est l'incendie qui dans la nuit a réduit en cendres notre superbe Hôtel-de-Ville. Titres, papiers, actes de l'état civil, registres déposés au greffe du tribunal, archives de la municipalité, tout a été la proie des flammes. On n'a pas su à qui attribuer ce terrible incendie qui s'est manifesté à 11 heures du soir ; et longtemps après, l'aiguille de l'horloge, fixée à 11 heures 10 minutes, marquait le moment où l'édifice s'était écroulé. Mais on dit, et je le répète avec horreur, qu'il a consumé tous les blessés russes, qui étaient déposés dans les salles, au nombre de plus de trois cents. La place était couverte de bivouacs ennemis, et le lendemain 6, à dix heures du matin, le feu continua d'exercer son affreux ravage, sans qu'aucun citoyen osât porter le moindre secours.

La journée du 6 mars nous fit connaître que les Français avaient renoncé à l'attaque de la ville. Ils s'étaient éloignés, se dirigeant sur Braine, et nous n'avions plus de secours à attendre d'eux : le pillage continuait toujours ; il fallut chercher en nous-mêmes un remède à tant de désastres ; la force du mal et le désespoir firent sortir de leurs maisons quelques habitants, l'air abattu par l'infortune. Poussés à bout, ils se réunirent chez le commandant de place russe, et le supplièrent de faire mettre un terme à leurs maux, en rétablissant l'ordre. Notre ville ressemblait à une famille d'orphelins : maire, adjoints, tous nous avaient abandonnés. Par les soins du général russe, les citoyens, rassemblés chez lui, formèrent entre eux un conseil municipal chargé de répondre à ses demandes. Ce conseil, ou plutôt cette commission, était composée de MM. Letellier-Capitain, président, Lefebure, Legris, Morel et Fiquet. Il s'établit provisoirement dans la maison de M. de Mirmont, rue de l'Hôtel-Dieu. Son premier soin fut de faire amener les pompes sur la Place-d'Armes, pour arrêter l'incendie de l'Hôtel-de-Ville qui n'existait déjà plus, ou du moins pour l'empêcher de se communiquer aux édifices voisins. Le service des pompes se fit par les soldats russes, parmi lesquels s'étaient mêlés quelques bourgeois. Des patrouilles nombreuses parcoururent la ville et des postes furent établis de distance en distance ; les pillards furent chassés des maisons à coups de sabre, et l'espoir commença à renaître dans l'âme de nos concitoyens ; la nuit, un peu plus calme que les précédentes, couvrit encore de son ombre beaucoup d'actes de brigandage.

Le 7 mars, une canonnade épouvantable se fit entendre ; on se battait sur les hauteurs de Craonne. Russes et habitants, tous prêtaient une oreille attentive au bruit du canon ; tous suivaient de loin la marche de l'action, et en attendaient l'issue avec une égale anxiété. Vers quatre heures de relevée, un grand mouvement se manifesta parmi les Russes : leur air est inquiet, ils se rassemblent à la hâte et se précipitent vers la porte de Crouy. Leur orgueil venait d'être encore humilié par le résultat de la bataille. Napoléon était vainqueur ; nous fûmes en un instant débarrassés une seconde fois de ces hôtes importuns, qui signalèrent leur départ par un pillage nouveau. Ils prirent la route de Crouy, dans la crainte d'être coupés par l'armée française, qui occupait déjà la route de Laon. Nous respirons enfin ; le doux sommeil vint un instant clore nos yeux qui depuis si longtemps ne savaient plus se fermer. Cette nuit calma un peu nos souffrances ; mais que le terme en était encore éloigné ! Combien nous devions encore être dévorés d'inquiétude avant de voir la fin de nos maux !

Le 8, un détachement de chasseurs du 12e entra dans la Place, vers les dix heures, par le pont de bateaux que les Russes avaient établi vis-à-vis la porte du Mail. Avec quel plaisir nous revîmes des Français ! Quelques paysans des villages voisins ramenèrent des traînards qu'ils avaient ramassés et faits prisonniers. On remarqua surtout dix à douze habitants de Margival, qui en chassaient devant eux une trentaine, comme un troupeau de moutons. Je puis assurer que tout ce que l'on a débité de la lâcheté des troupes coalisées est conforme à la vérité : mille exemples nous en ont fourni la preuve.

Le 9 mars, le bruit des combats vint de nouveau épouvanter nos oreilles. Le canon grondait horriblement ; on entendait même distinctement la fusillade. Les armées étaient aux prises au-dessous de Laon ; les Russes en avaient hérissé les hauteurs d'une artillerie formidable, et s'y étaient retranchés. La vieille garde aborda la position et poussa l'attaque avec son sang-froid accoutumé ; malgré la résistance de l'ennemi, elle faisait des progrès et gagnait du terrain sensiblement. Déjà même les équipages russes se mettaient en retraite sur la route de Vervins, et les braves obtenaient un succès marqué, lorsque sur le soir le maréchal Marmont se laissa surprendre, perdit quarante pièces d'artillerie, et se retira en désordre sur Corbeny. Napoléon, dont le flanc droit se trouvait ainsi découvert, fut obligé de renoncer à l'attaque, et de ramener son quartier-général à Chavignon.

Le 10 mars, l'ennemi, encouragé par ce mouvement rétrograde, chercha avec ses coureurs à inquiéter les derrières de l'armée. La route de Laon fut interceptée un moment. M. Malonet, préfet du département, qui allait rejoindre l'Empereur, tomba dans un parti de Cosaques, au-dessus de la montagne de Crouy, et fut fait prisonnier. Un corps de troupes légères, descendu par la Montagne-Neuve, se répandit dans la plaine de Saint-Paul, et parut vouloir insulter la Place. Nous venions de recevoir quelques détachements de cavalerie et d'infanterie ; ils sortirent des portes. Une escarmouche s'engagea avec les troupes ennemies, qui finirent par se retirer ; nous revîmes le soir nos braves Polonais, qui revenaient de Compiègne avec leurs canons.

Le 11, toute l'armée se replia sur Soissons ; la garde impériale, cavalerie et infanterie, se logea dans la ville. L'Empereur y entra de sa personne, à quatre heures de l'après-midi, et y établit son quartier-général. Ce jour même, il parcourut les remparts, visita toutes les fortifications, et ordonna de nouveaux ouvrages.

Le 12, il passa sa garde en revue et reçut une députation du conseil municipal, avec laquelle il s'entretint longtemps ; son air était calme, ses paroles douces et amicales : « Vous avez » beaucoup souffert, dit-il ; je ne reconnais plus votre ville. Je » plains vos malheurs ; mais rassurez-vous, je vais pourvoir à » votre défense, et l'ennemi ne mettra plus les pieds chez » vous. »

Le dimanche 13, à deux heures du matin, toute la garde se mit en marche, et prit la route de Braine. L'Empereur partit lui-même à huit heures, annonçant qu'à quatre heures le canon se ferait entendre à Reims où un corps ennemi se rassemblait.

La plaine de Crouy était occupée par le corps du duc de Trévise, qui avait placé son quartier-général à St-Paul. Après le départ de l'Empereur, l'ennemi se montra sur la montagne, vers midi, et parut avoir l'intention de descendre dans la plaine. Il y eut tout le reste de la journée un engagement assez sérieux. Le duc avait fait occuper la Montagne-Neuve par ses tirailleurs qui montrèrent beaucoup de résolution. La fusillade fut très vive ; la nuit mit fin au combat, sans que l'ennemi eût gagné un pouce de terrain.

Le lendemain 14, on s'attendait à être attaqué de nouveau, et les dispositions étaient prises pour faire repentir les Russes de leur hardiesse. Personne ne parut ; l'ennemi, que notre contenance avait rendu plus circonspect, nous laissa tranquille. Ce calme apparent, précurseur de la tempête, se continua le 15 et jours suivants. Un corps de troupes légères, parti de Noyon, fit sur Compiègne une tentative qui lui réussit mal. Il fut repoussé avec perte, et dans cette occasion, les habitants des villages voisins se distinguèrent par leur courage. Durant cet intervalle, les différents corps de troupes françaises, stationnés dans la Place et alentour, nous quittèrent les uns après les autres, prenant tous la route de Reims. Le général Charpentier resta le dernier. Parti lui-même le 19, il prit position à Braine, le jour où avait commencé la longue série de nos malheurs. Le jour où le sang avait coulé pour la première fois sous nos murs avait été un dimanche, et depuis ce fatal début, chaque dimanche, comme pour solenniser la journée, avait été salué par le bruit meurtrier du canon. Le dimanche 20 mars, pour ne pas déroger à ce funeste usage, 600 Cosaques tombèrent à l'improviste dans la plaine de Crouy, dans le dessein sans doute de reconnaître la Place. Nos canonniers n'étaient pas à leurs pièces ; les Cosaques s'avancèrent audacieusement jusqu'au port à plâtre, à 100 toises de la porte. La sentinelle cria aux armes ; quelques coups de fusil eurent bientôt dissipé

cette nuée de coureurs. Ce *hourra* inattendu était l'avant-cou-
reur de nouveaux malheurs qui nous menaçaient, et nous an-
nonçaient, sinon la plus cruelle, du moins la plus longue et la
plus inquiétante de nos souffrances : le canon que depuis deux
jours nous avions entendu gronder vers Fismes, les nouvelles
peu rassurantes qui nous arrivaient de ce côté, étaient aussi
pour nous de sinistres présages. Tout semblait nous préparer
à une crise violente.

En effet, le 21 mars, dès le matin, nous fûmes instruits que
le général Charpentier avait quitté sa position et se retirait
vers Oulchy. Le passage de l'Aisne avait été mal défendu ;
toutes les armées russes et prussiennes, profitant de l'éloigne-
ment de Napoléon, débouchaient de tous côtés et précipitaient
leur marche vers Paris. Soissons leur devenait encore un point
essentiel pour la facilité de leurs communications et le passage
de leurs trains. Pendant son séjour dans la Place, l'Empereur
en avait donné le commandement au chef de bataillon Gérard,
jeune officier de grand mérite et d'une bravoure éprouvée, et
lui avait recommandé de la défendre à toute extrémité. Dès ce
moment, plus de repos, plus de relâche ; tout le monde avait
mis la main à l'ouvrage. Il ne s'agissait plus de mettre Soissons
à l'abri d'un coup de main, c'était à un siége en règle qu'il
fallait la mettre en état de résister. Déjà les maisons situées
hors la porte de Crouy étaient rasées ; les arbres plantés autour
de la ville tombaient sous la hâche ; des palissades établies de tous
côtés défendaient l'approche de nos murs ; des fossés profonds.
étaient creusés à la porte du Mail ; nos batteries se perfection-
naient sur les remparts ; on s'empressait d'organiser des ga-
bions, des sacs à terre ; de bons épaulements s'élevaient autour de la ville ; sapeurs-bourgeois, soldats-sapeurs rivalisaient.
de zèle et d'activité.

Tous ces travaux étaient encore loin d'être achevés, lorsque
l'ennemi parut, poussant devant lui une foule de paysans qui
cherchaient un asile dans la Place. Nous vîmes ses noirs bataillons obscurcissant les hauteurs de Crouy, prendre au bas
de la montagne le chemin de Bucy pour aller passer à Vénizel
sur un pont qu'ils venaient d'y établir et présenter de nouveau
leurs masses dans la plaine de Belleu.

Le lendemain 22, de nouveaux bataillons succédèrent aux
premiers, et le soir, la Place se trouva entièrement investie.
Notre garnison se composait de 2,500 à 3,000 hommes, dont
plus de la moitié des dernières levées, et nos remparts étaient
armés de 39 pièces d'artillerie. Heureusement on avait eu le
temps la veille d'évacuer 400 blessés russes sur deux bateaux.
Pour utiliser tous les bras, tous les réfugiés des villages voisins entrèrent dans les compagnies de sapeurs-bourgeois, et
furent employés avec eux aux travaux : les murs des jardins de M. de Beuvry, derrière lesquels l'ennemi pouvait se
loger, furent abattus.

Le 23, nous pûmes reconnaître les batteries que les assiégeants avaient commencées dans la nuit. On en remarqua deux sur la rive droite de l'Aisne : la première, à la maison Tiret, sur la route de la Montagne-Neuve ; la 2e, derrière la rue de St-Médard, en avant de St-Paul. Quatre s'élevaient sur la rive gauche : la 1re, sur le penchant de la butte de Villeneuve ; la 2e en avant du jardin de M. Bricongne, près la porte de Reims ; la 3e derrière la cendrière de M. Garnier, à droite de la route de Château-Thierry ; la 4e enfin, au-dessus de la Vigne-Porale, à peu de distance de la route de Paris. Ces trois dernières surtout ont beaucoup tiré.

De son côté, le commandant Gérard ne négligeait rien pour la défense, et il avait placé, avec beaucoup de discernement, chaque corps de sa faible garnison, suivant l'importance du point qu'il avait à garder. Le faubourg Saint-Waast était occupé par un bataillon de la jeune garde ; c'était le point le plus fort de la Place ; on avait trouvé d'ailleurs le moyen d'en inonder les fossés et de rendre inabordables les approches des remparts.

Le deuxième bataillon des gardes nationaux de l'Aisne était placé depuis la porte du Mail jusqu'à la tour de l'Evangile. Le jardin de la Sénatorerie, à sa droite, et dans lequel ce bataillon avait une compagnie, était défendu par une bonne batterie qui enfilait toute la promenade du Mail. Le rempart St-Christophe, jusqu'aux Capucins, était gardé par des détachemens du 70e et du 87e de ligne ; et le poste important de la pointe St-Jean était confié à un bataillon du 136e, qui se prolongeait jusqu'à l'Arquebuse. Une compagnie de grenadiers et de chasseurs de la vieille garde était en réserve sur la Place-d'Armes, avec environ 80 chevaux, lanciers et éclaireurs. Nos canonniers, moitié Français, moitié Polonais, ont rivalisé de zèle, d'activité et d'adresse. Je dois citer aussi une compagnie de sapeurs dont plusieurs officiers ont été tués ou blessés dans la direction des travaux, et qui a rendu les plus grands services dans l'exécution. Le chef de bataillon Bergère commandait le génie.

Le 24 au matin, les batteries ennemies commencèrent à faire feu. Celle de la route de la Montagne-Neuve débuta par tirer à boulets rouges et à obus.

Le feu était dirigé principalement sur le palais de la Sénatorerie qui servait de magasin à des approvisionnements assez considérables en vivres et liquides. Plusieurs boulets et obus tombèrent sur l'édifice, mais causèrent peu de mal. Quelques maisons voisines en reçurent aussi dans leurs toitures, mais sans dommage notable. La ci-devant abbaye de Saint-Léger, qui se trouvait dans la direction, fut la plus maltraitée par les obus, qui éclatèrent dans l'église, mais qui ne mirent pourtant le feu nulle part. Par une fatalité singulière, le premier boulet, entré par une fenêtre de l'église, avait fait voler en éclats l'arbre d'un manége employé à élever les eaux pour le service de l'usine, et détruit ainsi un mécanisme extrêmement précieux, dans un moment où des incendies pouvaient se manifester à chaque minute. En moins de trois heures, la batterie de la porte de Crouy, servie par des artilleurs polonais, parvint à démonter deux pièces à l'ennemi, lui tua ou blessa une partie de ses canonniers et fit taire son feu.

La nuit suivante, irrités sans doute de ce que le commandant de place ne voulait recevoir aucun de leurs parlementaires, les assiégeants firent pleuvoir jusqu'à trois heures du matin une grêle d'obus, qui tous tombèrent dans le quartier de la rue St-Antoine. Beaucoup n'éclatèrent pas, aucun ne mit le feu. Dès ce début, et pendant cette nuit effrayante, l'attitude des habitants parut ferme, et on put dès lors compter sur l'esprit qui les animait; le peu de succès de ces premières tentatives contribua aussi à les encourager.

Cependant la Place se resserrait de plus en plus. L'ennemi s'était logé dans les faubourgs de St-Crépin, de Crise et de Saint-Christophe, d'où il faisait un feu continuel sur nos travailleurs. De notre côté, les travaux se poussaient avec une activité incroyable. Jour et nuit, tout le monde était debout. Les habitants qui n'avaient pas craint de s'enfermer dans la Place se souvenaient des deux premières visites des Russes; on ne s'accoutumait pas aisément à leurs douces manières. Tous se sentaient électrisés : les uns, par le courage, les autres par le désespoir; tous paraissaient décidés à s'ensevelir sous les ruines plutôt que d'ouvrir une troisième fois leurs portes. C'est surtout au bastion de Saint-Jean que s'exécutaient les ouvrages les plus considérables. On s'était aperçu le 25, que c'était le point le plus menacé. L'ennemi, retranché dans les moulins, derrière la Crise, commençait à ouvrir dans le terrain qui sépare la petite rivière des fossés de la ville, des tranchées et des lignes qui dénotaient assez ses desseins.

Le 26 mars, pour les mieux connaître, la garnison fit une sortie par la porte St-Christophe, se glissa le long des remparts jusqu'à la pointe St-Jean, se précipita sur les travailleurs ennemis, et les rejeta derrière la Crise. Son but étant rempli, elle rentra n'ayant perdu qu'un homme tué d'une balle. Dans leur fuite, les assiégeants avaient jeté armes et bagages. Les papiers trouvés dans leurs sacs nous apprirent que c'étaient des grenadiers prussiens. Nous étions déjà instruits d'ailleurs que c'était le corps du général Bulow qui faisait le siège de la Place. Dès la nuit suivante, ils reprirent leurs travaux, et les poussèrent avec une activité nouvelle. Leur dessein était de parvenir, à l'abri sous leurs chemins couverts, jusqu'au pied du rempart Saint-Jean, gardé par le bataillon du 136e de ligne, de le miner en dessous et de faire sauter le bastion, pour faciliter l'assaut. Mais tout était prévu dans la Place : des contre-palissades avaient été établies sur le rempart à droite et à gauche du point menacé, et quand même l'ennemi serait venu à bout de faire sauter un pan de mur, il eût rencontré sur le rempart un obstacle nouveau qui l'eût fait échouer dans son entreprise. Nous devons convenir pourtant qu'il avait mis dans cette tentative une promptitude incroyable.

Le 27, dans la nuit, les assiégeants tentèrent de surprendre la porte de St-Christophe, et essayèrent de monter à l'assaut. La garnison veillait ; elle les reçut avec intrépidité, fit sur eux un feu effroyable, et les repoussa avec perte de plusieurs hommes, qui furent tués au pied du mur et reconnus pour des Bavarois.

Le 28, l'ennemi parut vouloir établir un fort dans les jardins de M. de Beuvry. Une nouvelle sortie, plus nombreuse que la première, fut ordonnée pour déjouer ses projets. Nous vîmes avec plaisir nos jeunes conscrits, animés du meilleur esprit, marcher bravement vers la porte de St-Christophe, annonçant gaiement qu'ils allaient à la chasse aux Cosaques. Le succès fut complet. Les batteries ennemies firent un feu terrible ; le canon de la Place riposta avec supériorité. Une fusillade épouvantable s'engagea hors des murs ; l'ennemi fut chassé des jardins et du faubourg St-Christophe. Une partie de ses travaux fut détruite, et il éprouva, de son aveu, une perte de 7 à 800 hommes ; il avait déployé dans cette affaire des forces assez considérables sur les routes de Paris et de Compiègne. Mais toujours chassé, il revenait toujours à la charge. Ses tirailleurs, embusqués à portée de pistolet, ajustaient à leur aise tout ce qui paraissait sur les remparts ; les officiers principalement étaient en butte à leurs coups. Une grêle de balles pleuvait continuellement, et personne n'osait se montrer à découvert. Pour éloigner le danger autant que possible, les 29 et 30, il fallut avoir recours à des mesures cruelles. La plus grande partie des maisons du faubourg St-Christophe furent incendiées ; la nuit fut choisie pour ces terribles opérations, et les torrents de flammes qui embrâsaient l'atmosphère dans l'obscurité, portèrent au loin l'épouvante et la terreur. La maison de M. de Beuvry subit aussi ce triste sort ; ses jardins furent dévastés ; ces beaux arbres verts,

ces pins isolés, qui en faisaient l'ornement, et les délices
du maître, tombèrent sous la hache impitoyable; perte irré-
parable qui prive la ville d'un de ses plus précieux établissements. Les maisons les plus voisines de la Place dans
les faubourgs de Crise et de Saint-Crépin furent également
rasées. Nous avons dû gémir sur l'exécution de ces
ordres sévères que notre défense a nécessités, et sur la
destruction de tant de branches qu'il a fallu sacrifier au
salut du corps de la Place.

Le 30 mars, on acheva de miner le pont. Les bateaux
furent tous serrés contre la rive droite de l'Aisne ; une partie des approvisionnements fut transportée dans le faubourg St-Waast. Ces dispositions furent prises, afin que, si
l'ennemi venait à pénétrer dans la Place, la garnison se re-
tirerait dans ce faubourg comme dans une citadelle, et après
avoir fait sauter le pont, s'y défendrait jusqu'à la dernière
extrémité. Heureusement, on n'en est pas venu à cette res-
source désespérée. Des pots à feu, des artifices avaient été
préparés pour écraser les assiégeants dans leurs ouvrages,
lorsque le 31 au matin, après dix jours et dix nuits d'un
feu non interrompu, après plusieurs tentatives d'assaut,
nous reconnûmes qu'ils avaient inopinément levé le siége
dans la nuit, et abandonné des ouvrages qu'ils avaient poussés jusqu'au pied du rempart, prêts à y attacher le mineur;
nous vîmes leurs bataillons couronner les hauteurs de
Crouy, de Belleu et de Vauxbuin, sur lesquelles ils ont
depuis établi des camps retranchés.

De quel poids furent soulagés les habitants, lorsqu'ils furent instruits que le danger le plus imminent ne pesait plus
sur leurs têtes ! Avec quelle joie ils se portèrent sur les
remparts que l'on osait parcourir à découvert pour consi-
dérer en détail et les travaux des assiégeants, et les ouvrages formidables qu'on leur avait opposés. L'espoir d'être
secourus dans notre détresse avait toujours soutenu notre
courage. L'oreille sans cesse attentive, nous écoutions si
chaque jour personne ne venait nous délivrer; plus d'une
fois trop crédules dans nos espérances, nous avions été
trompés par un vain bruit qui s'était dissipé comme une
fumée légère.

Enfin, le premier avril, pendant que sous le feu de la
montagne de Vauxbuin, nos sapeurs détruisent la dernière batterie de l'ennemi à la Vigne-Porale, une vive canonnade se fait distinctement entendre vers la forêt de
Compiègne. Cette fois ce n'est plus un vain son. Le bruit ap-

proche sensiblement ; ce bruit, si redouté auparavant, ne gronde plus assez à notre gré ; chaque coup de canon nous fait tressaillir et semble nous annoncer l'approche du secours si longtemps attendu. Vain espoir ! bientôt le silence succède, la nuit se passe : rien de nouveau. C'était une sortie de la garnison de Compiègne qui avait repoussé jusqu'à Lamotte un corps russe qui venait de tenter un coup de main sur cette ville.

Du 1er au 14 avril, il se passa peu d'événements importants autour de nous. L'ennemi, placé à une distance respectueuse, se contentait de nous observer du sommet des montagnes qui nous environnent. Nos maux éprouvaient un peu de relâche ; la mort n'était plus si directement suspendue sur nos têtes. Mais l'avenir était toujours voilé pour nous, et nos alarmes étaient prolongées par l'état d'incertitude dans lequel nous vivions et dont nous ne pouvions prévoir le terme, ni calculer la durée. Nous étions encore abondamment approvisionnés en pain, en légumes secs et en liquides ; mais la viande commençait à devenir rare, et nous manquions absolument de fourrages pour les chevaux. Nos cavaliers étaient obligés de sortir tous les jours de la Place pour aller fourrager dans les fermes voisines ; ils rencontraient quelquefois l'ennemi, mais on se contentait d'échanger quelques coups de carabine, et tout se passait en légères escarmouches. Sur la rive droite de l'Aisne, le blocus était sévèrement observé et les approches de la ville rigoureusement interdits par les postes prussiens établis depuis Crouy jusqu'à la Montagne-Neuve. Ils avaient même coupé la route de cette montagne en deux endroits différents, sans doute pour éviter toute surprise. La rive gauche était moins serrée ; la route de Reims principalement offrait un passage assez facile. Nous sûmes que l'ennemi avait établi à Fontenoy et à Vic-sur-Aisne deux ponts de bateaux sur lesquels sont passés des corps considérables. Mais si cette possibilité de communiquer un peu à l'extérieur dut être infiniment précieuse pour nous, elle contribua aussi à doubler nos inquiétudes. Les rapports qui nous parvenaient par-ci par-là des villages voisins nous instruisaient que l'armée assiégeante était dix fois plus nombreuse que notre faible garnison ; que cette armée, irritée de notre résistance, annonçait tous les jours avec jactance qu'elle allait nous écraser sous le feu de son artillerie, nous emporter d'assaut, et nous passer tous au fil de l'épée. Sans mériter une croyance aveugle, ces rodomontades n'étaient pas faites pour rassurer de bons citoyens qui venaient de déployer le courage du moment, mais dont la constance pouvait se lasser.

Ainsi se passèrent les huit premiers jours d'avril. Nous étions jusque-là restés absolument étrangers au reste de la France. Bientôt une partie des événements importants qui avaient eu lieu à Paris transpira insensiblement dans la Place. Nous apprîmes, d'une manière à n'en presque pas douter, que Paris s'était rendu aux armées coalisées ; mais les circonstances qui avaient accompagné ou suivi cet événement nous parurent si incroyables, que personne ne voulut ajouter foi à des bruits aussi extraordinaires, qui d'ailleurs étaient colportés par des hommes extrêmement suspects : c'étaient des individus jouissant d'une considération à peu près nulle, et qu'on pouvait sans injure traiter d'honnêtes espions ; c'étaient des soldats qui avaient abandonné leurs drapeaux, et qui désertaient avec des permis signés par des généraux russes : tous gens qui étaient loin de mériter une confiance sans bornes.

Aussi le 10 avril, jour solennel, fête de Pâques, au moment où les Parisiens chantaient le verset : *Salvum fac regem Ludovicum*, le *Domine, salvum fac Imperatorem* était entonné, à Soissons, par Monseigneur l'évêque, et répété par tous les fidèles avec une onction bien naturelle dans la circonstance critique où nous nous trouvions. La chaire de vérité retentit encore des louanges de Napoléon que nos prêtres ne nous présentaient pas ce jour-là comme un monstre vomi par l'enfer dans sa fureur, mais comme un libérateur que Dieu allait nous envoyer.

Ce jour fut encore remarquable par une petite expédition des chevaux-légers de la garnison. On eut connaissance qu'un convoi de voitures, escorté par des soldats saxons, était arrivé à Billy. Nos cavaliers y coururent, firent l'escorte prisonnière, et s'emparèrent des chariots qu'ils ramenèrent dans la Place. Depuis quelques jours, l'ennemi employait tous les moyens pour notifier au commandant Gérard les événements qu'il avait intérêt de lui faire connaître officiellement, afin de le gagner et de le déterminer, à l'exemple de Paris, à ouvrir ses portes. Plusieurs parlementaires lui furent successivement envoyés ; il les refusa tous obstinément, et nous ne pouvons que lui savoir le plus grand gré de son opiniâtreté à repousser comme suspect tout ce qui lui venait de l'ennemi, et à maintenir par toutes sortes de moyens contre l'astuce une Place qu'il avait si vaillamment défendue contre la force. Honneur à jamais à ce loyal militaire qui a gardé jusqu'au bout la fidélité qu'il avait jurée à son maître! On sait que depuis, pour le récompenser de sa belle défense et des services qu'il a rendus, le roi Louis XVIII l'a nommé colonel. Il méritera toujours l'estime de sa patrie et la confiance de son roi, celui qu'aucune considération ne fait manquer à son devoir, et qui a toujours marché ferme dans le chemin de l'honneur, bien différent de ces caméléons politiques, toujours prêts à crier suivant leur intérêt personnel : *Vive le roi! vive la ligue!* Honneur à la garnison qui a si bien servi sous un si brave commandant! Nous devons aussi beaucoup de reconnaissance à l'autorité administrative, dont le zèle a si bien secondé les efforts de la garnison. Grâces soient également rendues à notre garde nationale qui a joué un rôle très actif dans toute cette scène sanglante, et dont le service pénible a beaucoup contribué à maintenir l'ordre public! Grâces à nos sapeurs-bourgeois qui, sous le feu le plus terrible, n'ont cessé de montrer le plus grand courage et l'activité la plus soutenue. Il est à remarquer qu'au milieu de cette grêle épouvantable de balles, de boulets et d'obus que nous avons vue pleuvoir pendant dix jours sur la ville, la garnison a perdu bien peu de monde, et la bourgeoisie n'a eu à regretter qu'une femme qui, en portant la soupe à son frère employé aux travaux, a eu la figure traversée d'une balle et elle est morte des suites de sa blessure.

Le 12 avril, la garnison poussa une forte reconnaissance sur le village de Crouy; les troupes avaient ordre de se replier, aussitôt que les forces de l'ennemi seraient reconnues. Leur ardeur les emporta trop loin, et nos tirailleurs s'engagèrent imprudemment. L'ennemi déploya sur la hauteur des forces assez considérables et montra quatre pièces d'artillerie. La retraite fut ordonnée et se fit avec ordre. Les grenadiers et chasseurs de la vieille garde, qui avaient été dirigés sur la Montagne-Neuve, s'étaient portés trop en avant; il fallut attendre leur retour. Ce retard donna le temps à l'ennemi de faire descendre rapidement dans la plaine deux pièces qui s'approchèrent jusque devant les murs de Clémencin, et nous tuèrent dix hommes, perte toujours trop grande, et qui dut exciter de vifs regrets surtout dans un moment où le bruit de ces armes meurtrières ne devait plus annoncer que la paix. Les troupes rentrèrent dans la Place; nous vîmes les canonniers polonais revenir les derniers, regrettant toujours de n'avoir pas fait assez de mal à l'ennemi.

Ces actions partielles n'amenaient aucun résultat ; le temps s'écoulait lentement, et tous les habitants soupiraient ardemment après leur délivrance.

Le 14 avril, sur les deux heures de relevée, le bruit se répandit dans la place qu'un général venait de se présenter à la porte Saint-Christophe. L'effet de l'électricité n'est pas plus prompt ; toute la population se précipite et suit le général jusqu'à l'état-major où il est introduit : c'était le général Daboville. La plus vive impatience se manifestait sur tous les visages. Pour satisfaire plus promptement la curiosité publique, le commandant Gérard fait ouvrir ses fenêtres et annonce à haute voix que ce sont des nouvelles de l'Empereur. A ces mots, les cris de *Vive l'Empereur !* sortent de toutes les bouches ; enfin, nous allons être délivrés, s'écrie-t-on partout ; nous allons recevoir le prix de notre résistance. L'Empereur arrive triomphant. Vive l'Empereur ! Cependant les yeux restaient toujours fixés sur les deux personnages, et chacun cherchait à interpréter leurs gestes. L'enthousiasme ne paraissait pas peint sur leurs figures ; il semblait même qu'un débat s'était élevé entre eux.

Bientôt la vérité perce ; on apprend la révolution étonnante qui s'est opérée presque miraculeusement à Paris. Quelle prompte métamorphose ! *Le Tyran est à bas !* disent ceux qui tout à l'heure se prononçaient le plus haut d'une autre manière ; nous sommes enfin délivrés de l'esclavage : Vive le roi ! image bien vraie, tableau fidèle en raccourci de la conduite de bien des hommes aujourd'hui !

Dans la longue conférence entre le général Daboville et le commandant de place, il avait été convenu qu'un officier de la garnison se rendrait à l'instant à Paris pour voir la vérité de ses propres yeux, et que jusqu'à son retour les choses demeureraient *in statu quo*. Le 16, l'officier, de retour, a confirmé la nouvelle que réellement Napoléon avait abdiqué le 11, et que le descendant de Henri IV, le frère de notre dernier roi, Louis-Stanislas-Xavier était rappelé sur le trône de ses pères par la volonté générale.

Le lendemain 17, toute la garnison réunie sur la Place-d'Armes, a entendu la lecture de tous les actes concernant cet événement extraordinaire, et a reconnu le gouvernement nouveau, et lui a juré fidélité ; mais il a été accordé en même temps que la ville ne recevrait dans ses murs au-

cune troupe russe ni prussienne. C'est une faveur que notre courage nous a méritée; c'est la dernière marque d'at-
tachement que nous a donnée le commandant Gérard, et
qui doit mettre le comble à notre reconnaissance pour lui.
Par ce traité, un arrondissement a été désigné pour l'ap-
provisionnement de la Place, et il a été stipulé qu'à leur retour les troupes alliées passeraient autour de nos murs et
traverseraient la rivière sur un pont de service qui leur serait établi au-dessous de la ville; stipulation singulièrement
favorable qui nous a préservés du fardeau de recevoir chez
nous au moins 50,000 hommes, qui nous avaient fait trop
de mal pour que nous pussions cesser de les regarder comme ennemis. Ce traité a été exécuté ponctuellement, et c'est
avec une sorte d'orgueil que nous avons pu, du haut de
nos remparts, voir les bataillons russes humiliés de ne pou-
voir entrer dans une petite ville qui leur dictait la condition
de passer autour de ses murs.

Ainsi s'est terminé le troisième acte de cette longue et
douloureuse tragédie. Ce dénouement aussi heureux, qu'inattendu a comblé de joie toute la France; il est à remarquer pourtant qu'il a laissé une impression différente dans
les départements envahis et ceux qui ne l'étaient pas. Ces
derniers, délivrés de la crainte d'être dévorés à leur
tour, ont regardé les soldats étrangers comme leurs libé-
rateurs, tandis que le désir de la vengeance est resté dans
le cœur des premiers qui n'ont pu voir sans frémir ces
étrangers s'en retourner paisiblement chargés de leurs dé-
pouilles.

Pendant ces deux terribles mois, toutes nos forces phy-
siques et morales ont été mises à l'épreuve. Emportés d'assaut au premier siége, nous avons eu à redouter toute la fureur d'une soldatesque effrénée qui, dans l'ivresse de sa vic-
toire, se porte à toutes sortes d'excès. Le second siége nous
a chargés de tout le poids de deux armées innombrables, qui
se disputaient avec une égale fureur la possession de notre
malheureuse cité. Dans la troisième attaque, nous avons
avalé lentement, et pour ainsi dire goutte à goutte, les longues angoisses d'un siége en règle, dont le résultat incertain
devait porter la terreur dans l'âme des plus intrépides. Et
cependant, telle est la nature de l'homme, tel est surtout le
caractère français, que quatre mois sont à peine écoulés depuis
ces mémorables événements, et déjà ils nous paraissent à
nous-mêmes un songe léger. Bientôt nous aurons peine à
croire à ces faits étranges, auxquels nous avons pris une part

si active. Nous aurons peine à croire que nous ayons pu supporter tant de longues insomnies, tant de travaux pénibles, nous familiariser avec le fracas de la guerre, avec le sang et le carnage, nous accoutumer au bruit terrible du canon et aux menaces plus terribles encore de ces farouches soldats du Nord.

Mais que dis-je? Une maladie cruelle, suite funeste et inévitable d'une longue guerre, nous rappelle trop la vérité par les ravages désastreux qu'elle exerce autour de nous. L'atmosphère, imprégnée d'exhalaisons méphitiques, de miasmes pestilentiels, a développé cette maladie terrible ; nos forces étaient usées par la fatigue ; l'inquiétude avait altéré le sang dans nos veines ; elle a eu facilement prise sur nous. Vieillards, femmes, enfants, ont été principalement attaqués : tout ce qui était faible a succombé. Enfin, pourtant, la rage de la maladie paraît s'apaiser au moins dans la ville ; l'atmosphère s'est purifiée ; l'art a dompté la force du mal ; tout nous fait espérer un plus heureux avenir. Puisse la douce paix cicatriser enfin nos plaies profondes, achever de nous faire oublier pour toujours les événements terribles dont le récit seul étonnera nos petits-neveux !

FIN.

SOISSONS. — Imp. et lith. de VERET et Cie.